EXAMEN

CRITIQUE ET IMPARTIAL

DU TABLEAU DE M. GIRODET

(PYGMALION ET GALATHÉE),

OU

LETTRE D'UN AMATEUR

A UN JOURNALISTE.

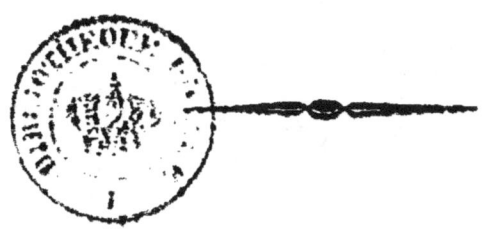

A PARIS,

CHEZ Anth^e. BOUCHER, IMPRIMEUR,
SUCCESSEUR DE L. G. MICHAUD,
RUE DES BONS-ENFANTS, n°. 34.

1819.

(Par le chevalier B.-F.-A. de Fonvielle,
d'après Barbier)

V

Ⓒ

EXAMEN

CRITIQUE ET IMPARTIAL

DU TABLEAU DE M. GIRODET

(PYGMALION ET GALATHÉE),

OU

LETTRE D'UN AMATEUR

A UN JOURNALISTE.

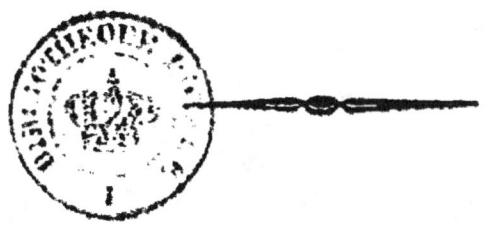

A PARIS,

CHEZ Antᵉ. BOUCHER, IMPRIMEUR,
SUCCESSEUR DE L. G. MICHAUD,
RUE DES BONS-ENFANTS, nº. 34.

1819.

EXAMEN

CRITIQUE ET IMPARTIAL

DU TABLEAU DE M. GIRODET

(PYGMALION ET GALATHÉE),

ou

LETTRE D'UN AMATEUR

A UN JOURNALISTE (1).

Le silence que vous avez gardé, Monsieur, sur le Salon de 1819, me fait, de préférence, jeter les yeux sur votre journal pour y insérer les remarques que j'ai faites sur le tableau de M. Girodet (*Pygmalion et Galathée*). N'ayant porté

---

(1) Cette lettre n'ayant pas été insérée dans le journal auquel elle était destinée, l'auteur a pris le parti de la faire imprimer.

aucun jugement sur ce tableau, et vos opinions politiques étant les mêmes que celles de cet estimable artiste, la lettre que j'ai l'honneur de vous adresser, avec prière de l'insérer dans un de vos plus prochains numéros, en sera d'autant moins exposée à être imputée à l'esprit de parti, et demeurera, pour tout esprit sensé, ce qu'elle est véritablement, une critique impartiale, uniquement dans l'intérêt de l'art.

Le bel ouvrage de M. Girodet a produit une vive sensation. Son auteur avait droit d'y compter : le succès d'enthousiasme qu'il a obtenu dès son apparition, est un tribut que lui devaient tous les amis de l'art.

Il y a vraiment quelque chose de magique dans cette composition pleine de feu, de verve, de génie et de ce sentiment exquis du beau idéal, dont a dû se sentir pénétré celui qui a osé s'imposer la tâche effrayante de peindre ce qui n'existe pas, ce qui n'a pas pu exister, par conséquent, de produire des effets qu'il ne pouvait chercher que dans sa seule imagination, puisque la nature ne lui en offrait nulle part le modèle.

Que dans la métamorphose de Daphné, par exemple, dans celle d'Actéon ou de Lycaon, qui ne sont qu'un changement de formes, un peintre né voie que des sujets dont les difficultés ne dépassent pas les bornes de son art ou les forces de son génie ; cela se conçoit.

Dans ces feuilles qui s'échappent des doigts de la fille de Pénée, et qui prennent, ainsi que ses cheveux, la forme verticale de l'arbuste dont Apollon sent l'écorce traîtresse se former sous ses doigts amoureux, tandis que, pour la dérober aux poursuites du dieu plus sûrement que par la fuite, ses pieds ont déjà pris racine; dans ce bois qui, déjà, s'élève sur le front de l'indiscret chasseur que la chaste Diane punit de sa téméraire curiosité, dans son corps recourbé, dans ses mains, dans ses pieds, qui déjà laissent deviner que bientôt ils n'appartiendront plus qu'à un timide quadrupède; dans cette férocité qu'offre la physionomie déjà allongée en museau de l'hôte cruel et perfide du maître des dieux, dans ces crins dont son corps se hérisse, etc., l'artiste a pu se flatter de saisir habilement le moment où la forme humaine, luttant en vain contre le pouvoir qui la détruit, peut encore exprimer des passions qui bientôt vont s'éteindre sous l'enveloppe d'un végétal ou d'une bête fauve.

Mais combien Galathée était loin d'offrir de semblables ressources au pinceau d'un Timante ou d'un Girodet!

Ici, il ne s'agissait pas d'exprimer, comme l'ont dit de trop imprudents enthousiastes, le passage de la mort à la vie.

Ce n'était point l'image de la mort que présentait ce bloc qui s'était animé sous le ciseau d'un statuaire. Il respirait, il répandait autour de lui la chaleur et la vie. Demeuré marbre sous le pinceau du peintre, il eût accusé l'impuissance de celui-ci; il eût démenti la passion de l'artiste grec pour le chef-d'œuvre de ses mains; ou, tout au moins, il eût fait dégénérer cette passion, devenue sublime par le prodige qui la couronne, en une folie digne sans doute de pitié, mais non de cette pitié généreuse que Vénus daigna signaler par le plus grand miracle dont l'imagination puisse admettre la possibilité.

Les formes de la statue devant rester les mêmes, son expression ne pouvant acquérir qu'une nuance presqu'insensible, puisqu'il ne lui manquait que le souffle divin pour que l'illusion que caressait Pygmalion devînt une réalité; il n'y avait que le coloris et le mouvement qui pussent distinguer le chef-d'œuvre du sculpteur, demeuré un miracle de l'art, et ce même chef-d'œuvre, devenu un miracle de la Toute-puissance divine.

Or, le mouvement n'était pas à la disposition du peintre, et le coloris ne pouvait se montrer sans faire disparaître le miracle, par conséquent sans glacer le sujet tombé, dès-lors, au-dessous même des sujets les plus vulgaires, puisqu'il n'offre pas une action, et que, réduit à deux personnages entraînés l'un vers l'autre sans effort ou sans résistance, il ne se prêtait plus qu'à une composition académique plus ou moins savante, mais dénuée de toute chaleur poétique et de tout génie d'invention.

Concluons de ces observations que rien n'égale la difficulté du sujet, et cela tournera au profit de l'artiste qui n'a pas craint de l'affronter; mais craignons qu'à cela seul se réduise toute sa gloire.

L'examen auquel je vais me livrer va peut-être le démontrer.

Pour procéder par ordre à cet examen, je parlerai d'abord du lieu de la scène.

On a fait un mérite à M. Girodet d'avoir placé son action dans un temple, non dans un atelier.

Je n'hésite pas à m'élever contre ce paradoxe insoutenable.

Pygmalion a produit un chef-d'œuvre dont il faut bien penser qu'il ne consentira jamais à se séparer.

Ce chef-d'œuvre est sans cesse l'objet de sa contemplation.

L'ivresse de son admiration, il l'a poussée jusqu'au délire.

Qu'a-t-il eu besoin de le transporter hors du lieu même où son ciseau lui a donné cette première création qui a suffi pour faire passer dans son ame tous les feux d'un amour qui ne peut placer son espoir que dans le renversement des lois de la nature?

Non : rien ne justifie cette mutation de lieu qui ne peut être attribuée qu'à la conception la plus fausse, celle d'avoir cherché à brillanter cette composition hardie par le luxe des accessoires qu'un goût pur et sévère proscrivait sans ménagement.

Ce n'est pas ainsi que J.-J. Rousseau, dans sa prose brûlante, qui, quelquefois pourtant, dégénère en un pompeux galimatias, a décoloré cette scène.

Il a laissé l'artiste et son chef-d'œuvre au milieu de son atelier, où toutes ses autres productions, objet de ses dédains, contrastent avec l'objet de son admiration, et ne sont à ses yeux que de froides et timides ébauches.

Il le représente occupé sans relâche de perfectionner son plus bel ouvrage, d'ajouter une grâce à ses charmes, *un ornement à sa parure.*

Il le peint calculant les larcins que font à ses regards avides les voiles qui couvrent le nu de sa statue, et osant y reporter un ciseau téméraire que repousse la chair qu'il sent palpiter sous sa main.

L'idée de transporter ailleurs ce chef-d'œuvre ne peut appartenir qu'à une admiration vulgaire : or, l'exaltation de Pygmalion ne pouvait descendre à une telle conception qui tient de plus près à la vanité de l'artiste qu'au délire de l'amant passionné.

Ainsi ce beau pavé de mosaïque, ces colonnes, ces riches ornements qui décorent le temple que M. Girodet a eu le malheur de préférer à la simplicité d'un atelier, ne sont qu'un contre-sens ambitieux. Ils font honneur, si l'on veut, au pinceau du peintre; mais ils accusent le faux jugement et la sécheresse de l'imagination du poète dont ils rendent la tâche plus difficile, puisqu'ils lui ôtent la ressource d'opposer à la perfection de son chef-d'œuvre les ébauches encore imparfaites dont il l'eût environné dans son atelier.

Ce n'est pas une excuse que d'avoir introduit, dans son tableau, une statue de Vénus, à laquelle le sculpteur viendrait de faire un sacrifice, pour en obtenir le miracle qui s'opère enfin sous ses yeux : cette statue pouvait tout aussi bien exister dans l'atelier même, et ce sacrifice, source du vaporeux enchanteur que présente le tableau dans toutes ses parties, y eût été encore mieux placé.

Passons aux costumes.

Possédé d'une passion qui ne peut être satisfaite, Pygmalion doit languir dévoré du feu qui le consume; indifférent à tout ce qui l'entoure, il est incapable de s'occuper de lui, et, par conséquent, de songer à relever ses avantages personnels par une toilette soignée. Il aime sans pouvoir aspirer à plaire; il ne saurait donc y penser.

Rousseau le met en scène en costume d'artiste.

Dégoûté des mille beautés dont il fut longtemps idolâtre, insensible aux charmes, jadis si doux pour lui, de l'entretien des peintres et des poëtes supérieurs de son temps, retiré, solitaire, ne rêvant qu'à sa Galathée, vers laquelle un attrait invincible le ramène sans cesse, il est aisé de sentir combien il est ridicule de le représenter enveloppé de riches draperies, tel qu'un petit-maître d'Athènes paré et couronné de fleurs pour un jour de festin.

C'était le bras et le cou nus qu'il fallait le montrer, et l'on ne conçoit pas par quel aveuglement et par quel faux calcul M. Girodet, tandis que nous voyons chaque jour nos artistes s'exposer si légèrement au reproche de prodiguer le nu dans leurs tableaux, au mépris même souvent des convenances les plus simples ou les plus palpables, a pu tomber dans le défaut contraire à l'égard de son principal personnage qui lui offrait une occasion si heureuse, si naturelle, de caresser le goût dépravé de l'école moderne, non seulement sans blesser la raison, mais encore en donnant à ce personnage le seul costume qui lui convint.

C'est ainsi qu'à force de recherches on se jette dans le fantasque quand on quitte la ligne du vrai.

Par un contraste bizarre, quoique pourtant plus excusable, il a représenté Galathée dans un état de nudité complète.

Il en avait le droit, vont me dire ses admirateurs. C'est ainsi que Praxitèle peignit Vénus sortant du sein des ondes.

Je ne refuse pas d'en convenir: cependant, bien qu'on puisse dire que, s'agissant d'un fait sur les détails duquel il n'existe point de traditions historiques ou mythologiques qui puissent circonscrire le libre arbitre de l'artiste, celui-ci a pu ne consulter que les inspirations de son génie et ne saurait être blâmable d'avoir préféré offrir dans le chef-d'œuvre de son héros un modèle de perfection; par cela même que la tradition est muette à cet égard, il devait céder à une autorité qu'il a sans doute consultée et à laquelle il ne pouvait pas se croire dispensé de se soumettre.

Cette autorité est celle de Rousseau qui a vêtu Galathée, et qui même a trouvé dans cette circonstance un heureux incident pour faire ressortir les gradations par lesquelles Pygmalion passe d'une admiration excessive à l'amour, à l'idolâtrie dont il finit par être possédé pour le chef-d'œuvre de son génie.

« Ce vêtement couvre trop le nu, fait-il dire
» à Pygmalion; il faut l'échancrer davantage. Les
» charmes qu'il recèle doivent être mieux an-
» noncés. »

Prêtez au personnage de M. Girodet la *déclamation* du citoyen de Genève, et vous serez forcé d'en retrancher cette phrase qui précède sa péripétie et amène le dénoûment.

Avant d'aborder le fond du sujet en lui-même et la manière dont le peintre l'a conçu et exécuté, jetons un coup-d'œil sur quelques-unes des combinaisons secondaires qui prouvent que l'auteur s'est torturé l'imagination pour chercher à faire de l'effet en s'écartant de la nature, à l'imitation de certains de nos poètes qui dédaignent de marcher dans les sentiers battus, préférant errer en vagabonds et courir après le bizarre dans les landes du romantique.

La statue, dans toute sa partie supérieure, est déjà douée de la vie (ce n'est pas encore le moment de nous en occuper); mais, par une dégradation progressive, le coloris des chairs se résout au ton verdâtre et luisant de l'albâtre que sa vétusté aurait privé de sa blancheur. Toute la partie inférieure, encore inanimée, offre cette teinte équivoque et non naturelle, puisque c'est là le dernier ouvrage de Pygmalion et qu'il faut des siècles pour enlever à l'albâtre sa blancheur diaphane qui surpasse long-temps celle du marbre.

Il y a là un vice de coloris intolérable, et si l'on ajoute à ce défaut celui de l'afféterie puérile avec laquelle le peintre s'est attaché à faire ressortir, dans les jambes, dans les pieds de la statue, jusqu'au luisant de la pierre polie, on sera justement choqué de voir que ce poli n'a pas encore disparu, tandis que les roses du sein virginal de Galathée, l'incarnat de ses joues, le corail de ses lèvres, indiquent que, déjà, le sang circule dans ses veines.

Ce n'est pas ainsi que s'opère le phénomène de la circulation du sang.

L'animalité a dû pénétrer à-la-fois toutes les parties de la statue.

Le cœur, principe de la vie, n'a pu trouver plus de difficulté à pousser les flots du fluide empourpré aux extrémités inférieures qu'à la tête et aux mains qui, déjà, ont du mouvement; et, s'il est vrai que la supposition d'un léger retard, pour que le prodige achevât d'opérer sur les pieds, doive être admise comme une licence malheureusement nécessaire à l'explication du sujet, on conviendra du moins qu'il y avait un milieu à saisir entre ces pieds restés inanimés et dans leur état de statue, et entre cette tête pleine de vie, ces yeux prêts à s'ouvrir à la lumière, cette bouche qui va, pour la première fois, articuler des sons.

Il fallait, au lieu de ce poli, qui n'est qu'un contre-sens absurde, que le mat de l'albâtre ayant perdu sa transparence, annonçât les premiers effets d'une décomposition intérieure qui, déjà, commençait à se manifester au-dehors.

Je dis plus : c'est une idée malheureuse d'avoir fait la statue d'albâtre. L'antiquité qui pressentait qu'elle travaillait pour les siècles, l'antiquité n'a connu que le marbre. Tous ses monuments qui nous sont parvenus sont de marbre. L'histoire fabuleuse de Pygmalion n'a jamais parlé de sa Galathée que comme d'une statue de marbre. C'était de marbre qu'elle devait être dans le tableau de M. Girodet : il eût été d'accord avec la fable et avec le bon goût; et je ne saurais concevoir ce qu'il a cru gagner en la faisant d'albâtre.

Cela tient vraisemblablement au système général sur lequel il s'est forgé un coloris qui n'appartient qu'à lui. Ses amis, desquels je suis, malgré la sévérité de ma critique, doivent l'avertir qu'il s'est, à cet égard, engagé dans une fausse route. Je n'en veux d'autre preuve que son Déluge, ouvrage d'ailleurs si estimable, mais singulièrement répréhensible sous ce rapport essentiel.

Je pourrais faire remarquer ici que le piédestal et les ornements dont il est surchargé, devaient, eux-mêmes, être de marbre et d'un goût plus sévère; que le vase qui est au pied de la statue est mesquin, et a, encore moins que cette statue, la couleur de l'albâtre récemment ciselé, ce qui peut, au surplus, trouver plus d'une excuse; mais c'est assez disserter sur les accessoires : j'arrive à l'objet principal.

Je commencerai par le personnage épisodique que le génie du peintre a introduit dans son action.

Puisqu'il y faisait intervenir l'Amour, ce qui, peut-être, rejette son tableau dans le genre allégorique naturellement froid et peu propre, surtout, à produire une illusion satisfaisante, il devait l'employer comme l'agent direct, immédiat, du prodige qui comblait les vœux jusqu'alors insensés de l'amoureux Pygmalion.

Ce Dieu devait planer sur la statue, l'animer par son influence, et sourire à la sensation qu'opérait ce miracle sur le favori de Vénus.

Au lieu de cela, il ne joue qu'un rôle trivial. Ce rapprochement qu'il cherche à faire des deux amants en unissant leurs mains, ressemble au dénoûment d'un vaudeville; ce n'est pas là de l'épopée : il n'y a rien au fond de cette idée, et ce qu'il y a de pis, c'est qu'elle pèche encore par l'exécution.

La main droite de Pygmalion a l'air de fuir celle de l'Amour; il devrait la chercher. Ajoutons, par parenthèse, que la main gauche du statuaire, mollement et incorrectement dessinée, non seulement est d'un mauvais caractère, mais n'a pas l'air, non plus que le bras, d'appartenir à ce corps-là.

L'Amour, en soi, est bien ce qu'il doit être : il est joli, il est malin et plein de grâce. On reproche à M. Girodet de l'avoir imité du Corrège. Qu'importe ! il est à lui et bien à lui, car il a au moins égalé son modèle. Mais voyez comme il est mal soutenu sur ce genou que Pygmalion avance pour lui servir de siège. L'attitude du petit dieu inquiète et fatigue la vue; il n'est ni en l'air ni posé. Remarquez en outre cette aile déployée, que vous apercevez embarrassée dans les draperies du sculpteur : ne craignez-vous pas qu'au moindre mouvement, elle ne soit blessée, disloquée ? Représentez-vous un oiseau dans cette position, et jugez.

Il y a du vaporeux dans ces draperies, de la légèreté, de la morbidesse dans leur jeu, dans leurs désinences surtout; mais, je l'ai déjà dit, était-ce à peindre des draperies que devait s'appliquer le peintre de Pygmalion ?

Les mains de l'Amour pèchent par le dessin, celle surtout par laquelle il cherche plutôt qu'il ne saisit la main de Galathée. Cette main paraît avoir été faite et refaite à plusieurs reprises : on devine qu'elle a beaucoup coûté à l'artiste; elle n'est pas, à coup sûr, un jet d'inspiration, et on voit qu'il a craint de mêler les deux mains, ce qui pourtant semblait commandé par la situation et la nature ou plutôt le motif de l'action.

Une femme d'esprit a caractérisé cette action d'un seul mot.

On faisait à côté d'elle l'éloge le plus pompeux du tableau de M. Girodet qu'elle considérait, comme il le mérite, avec plaisir, mais sans enthousiasme. C'est donc là, dit-elle, ce qu'on appelle un chef-d'œuvre! est-ce à cause de ce joli petit amour? — N'est-il pas charmant cet Amour?— Sans doute! il est là comme un trait d'union; c'est un chef-d'œuvre... d'ortorgraphe.

La tête de Galathée est belle et bien coloriée. Je laisse de côté la prétendue imitation qu'on a reprochée à l'auteur. Cette tête serait un plagiat, ce que je n'admets point, que cela ne tirerait pas à conséquence et ne diminuerait en rien le mérite du peintre. Si elle avait d'ailleurs un caractère grec, il m'importerait peu que la Médicis eût quelque ressemblance avec elle. Mais ce caractère lui manque, et c'est dommage; car il y a peu à dire à cette partie du tableau. On desirerait seulement dans la bouche plus de noblesse et de simplicité d'expression.

Galathée s'ignore encore, et si l'on descend à ses pieds, on est offusqué du contraste qu'offre cette partie inanimée avec les sensations qu'exprime déjà cette tête charmante qui semble prête à pousser son premier soupir.

Le torse de la statue est également beau et bien colorié; mais le deltoïde gauche est d'un bleu qui décèle un faible ou un faux coloriste.

Il y a peut-être un peu de longueur dans les parties inférieures, particulièrement dans les jambes. Cette observation ne me paraît pas sans fondement, mais je ne la hasarde que comme un doute.

La dégradation de la partie animée à celle qui va l'être est bien marquée; mais chacun sentira que c'était la partie la plus aisée de la composition: aussi tous les hommes de l'art ont-ils dû sourire de l'enthousiasme irréfléchi avec lequel on a prodigué l'éloge à cette conception sur laquelle je me suis déjà expliqué.

N'est-il pas évident, en effet, que plus le peintre abandonnait la partie animée, pour arriver à ne plus peindre qu'une statue, plus la difficulté de l'art diminuait sous son pinceau.

L'idée de passer ainsi des chairs au marbre était, je l'ai déjà dit, son unique ressource pour suppléer celles que lui auraient offertes les métamorphoses de Daphné, d'Actéon ou de Lycaon. Cette idée est pauvre sans doute; mais cette pauvreté dérive inévitablement de la pauvreté du sujet. On ne peut donc pas plus s'en prendre à l'artiste qu'on n'a le droit de chercher un mérite dans son exécution. Ce qu'on voudrait considérer comme une difficulté vaincue n'est, au contraire, et, ce me semble, je viens de le prouver, qu'une facilité attachée au sujet. L'auteur a dû en profiter; mais, à coup sûr, ce n'est pas par-là qu'il a pu prétendre à l'éloge.

Me voici enfin arrivé au personnage principal, à Pygmalion. Voyons-le d'abord tel qu'il est avant d'examiner quel il aurait dû être.

Je suis forcé de dire, dès l'abord, que ce beau jeune homme si richement paré, si frais, si vermeil, si brillant de santé, ne me donne, de cet artiste déjà célèbre, aucune idée qui soit digne de lui.

Sa figure n'exprime aucune des sensations qu'il devrait éprouver.

Il a l'air d'épier le premier souffle prêt à sortir de cette bouche qui s'anime, qui va s'ouvrir, qui va parler, qui va tout au moins respirer : mais je cherche en vain, dans sa physionomie, l'étonnement, le trouble, le saisissement, une sorte d'effroi même qui doivent se mêler à la joie encore inquiète que lui cause un prodige inouï, qu'il doit long-temps supposer une erreur de ses sens plutôt qu'une réalité.

A l'immobilité de ses pieds, de ses muscles qui n'éprouvent aucune contraction, on croirait voir plutôt les pieds d'une statue que celle d'un homme passionné qui éprouve les plus fortes et les plus vives sensations.

Faible d'expression, il l'est aussi de coloris, à moins qu'on ne veuille confondre le coloris avec l'enluminure. Le dos, le bras droit et la tête n'offrent sous ce rapport aucune vérité. Ce n'est là ni le style historique ni le style poétique ou idéal qui devrait dominer dans un pareil sujet.

Un critique, homme d'esprit, a fait de ce tableau un éloge rempli d'enthousiasme. Il le mérite sans doute à beaucoup d'égards; mais il n'a pu y découvrir un seul défaut, et il a prié son auteur de lui indiquer lui-même celui qu'il suppose devoir y exister, par la seule raison que rien ne sort parfait des mains de l'homme. Que dira-t-il, si cette lettre tombe sous ses yeux?

Cependant, je n'ai rien dit encore du défaut le plus saillant et surtout le moins excusable, puisqu'il prouve que l'artiste n'a pas médité son sujet, n'a pas senti la situation de ses personnages, et n'a pas raisonné leurs passions.

Je vais parler de ce défaut, et ce sera la fin de ma critique.

Qu'est-ce que Pygmalion?

Un sculpteur passionné pour la gloire, enthousiaste de son art, qui, s'étant surpassé lui-même, a créé un chef-d'œuvre pour lequel il finit par éprouver une passion désordonnée qui décèle l'ardeur de son ame de feu sur laquelle la raison ne peut exercer son empire dès qu'elle atteint le degré d'exaltation dont elle est succeptible.

Quel doit être le résultat de cette passion malheureuse qui le consume pour un marbre insensible ?

De le rendre le plus misérable des êtres, puisque nul espoir ne peut soulager le tourment qu'il éprouve; de le dégoûter de la vie; de le rendre indifférent à tout ce qui n'est pas Galathée; de l'arracher au monde; de le consumer lentement, douloureusement, et d'imprimer sur tous ses traits un sombre désespoir qui ne pourra s'éteindre que dans la tombe.

S'il appelle les dieux à son aide; s'il invoque Vénus, comme l'ame de la nature; s'il lui crie, dans son délire qui seul rend excusable ce pompeux galimatias, ce pathos que J. J. Rousseau a mis dans sa bouche, « Deux êtres manquent à la » plénitude des choses; partage-leur cette ardeur » dévorante qui consume l'un sans animer l'au- » tre; » s'il demande enfin un prodige pour qu'il puisse devenir l'époux de l'œuvre de ses mains, l'époux d'une statue; on conçoit que ce prodige, il ne l'espère pas.

Il aura beau apostropher la déesse en ces termes: « Que dis-je ! je n'attends point de prodige;

» il existe : il doit cesser. L'ordre est troublé, la
» nature est renversée ; rétablis son cours bienfai-
» sant et verse également ta divine influence ; » on
sent que ce sont là les rêves d'un malheureux dont
la raison est égarée.

Or, dans cette situation, ce malheureux conservera-t-il sa santé, son embonpoint, sa fraîcheur et la vigueur de la jeunesse? Non : lorsque, touchée de son malheur, Vénus daignera exaucer sa prière, sa pâleur, sa maigreur, son visage décoloré, flétri par un long désespoir, attesteront par quelles souffrances cruelles il aura acheté ce bienfait de la divinité.

Je le demande maintenant : est-ce là le personnage que M. Girodet présente à notre admiration? De bonne foi, est-il quelqu'un assez peu libre de son jugement pour consentir à reconnaître Pygmalion dans ce beau jeune homme si frais, si coloré, si pomponné, si bien drapé, qui s'extasie auprès de Galathée venant de recevoir la vie?

En voilà sans doute assez, M. l'Observateur, pour amortir cet aveugle enthousiasme qui a décerné la palme du salon au tableau de M. Girodet.

Je n'entamerai pas le chapitre des comparaisons, qui me jetterait au-delà des limites que je dois me prescrire, et je me borne à cette conclusion.

Il est clair que M. Girodet a manqué son sujet, mais il est tout aussi incontestable qu'il a enrichi le salon d'un ouvrage plein de mérite.

Oublions que c'est Pygmalion qu'il nous a présenté (cela nous est facile, puisque rien ne le caractérise, pas même le lieu de la scène); considérons son tableau comme un morceau d'étude, et nous verrons qu'il étincelle de beautés.

Le fonds de ce tableau ne mérite que des éloges. Il a un caractère mystérieux parfaitement analogue à la scène mythologique qu'il avait à représenter.

Il y règne un vaporeux qui flatte, qui séduit, qui enchante la vue; et si l'aveugle admiration de ses amis ne m'avait pas forcé, en quelque sorte, à désabuser le public toujours trop disposé à adhérer à ces éloges de commande qui favorisent sa paresse, je crois pouvoir vous assurer que je n'aurais pas eu le courage de vous adresser cette lettre.

J'ai l'honneur d'être, etc.

Un Amateur.

De l'Imprimerie d'Antne. POUCHER, Successeur de L. G. Michaud, Rue des Bons-Enfants, N°. 34.

www.ingramcontent.com/pod-product-compliance
Lightning Source LLC
Chambersburg PA
CBHW050039230526
45470CB00003B/1362